LE PEUPLE RUSSE
ET
LA DÉFENSE DE LA RACE BLANCHE

Gaston-Armand Amaudruz

Droits de reproduction et de traduction réservés ©2018

Bien qu'il soit hasardeux de commencer par une notation subjective, je ne peux m'empêcher de penser au merveilleux chœur de paysans dans *Ivan Soussanine* de Glinka : une musique venue de l'âme et qui émeut l'âme. Certes, la littérature émane d'une élite naturelle, mais la musique va plus profond, elle plonge ses racines dans le peuple lui-même. Le folklore, qui inspire jusqu'au plus grand compositeur, révèle une réserve de force morale. Voilà pourquoi je suis sûr que le peuple russe jouera un rôle de premier plan dans la défense de la race blanche.

Divers auteurs d'avant et d'après-guerre, assimilant Russie et URSS, pensaient qu'une dissolution des forces vives par métissage avec les populations turco-tatares et mongoles de l'empire stalinien se produirait inévitablement. Ils n'ont pas prévu le déclin soviétique.

L'éclatement de l'URSS, désastreux sur le plan mondial, a au moins eu l'avantage de diminuer le risque de métissage du peuple russe, alors que ce risque s'aggravait de façon dramatique en France, en Italie, en Angleterre, au Portugal, aux Pays-Bas et même en Suisse. De plus, en Occident, le danger apparaît sous sa forme biologiquement la plus négative : l'immigration nègre.

Comme le savent les anthropologues, les différences physiques entre grand-races vont de pair avec des différences psychiques. Réunir en un seul individu les caractères psychiques du Blanc et du Nègre conduit à un être déchiré entre des aspirations contraires et incapable de réaliser sa propre unité. En outre, le métis a perdu les qualités de chacune des grand-races. Instable, faible de volonté mais porté à la violence, il obéira aux forces qui contrôlent les médias et dirigeront sa violence : voilà une des raisons pour lesquelles les partisans d'un gouvernement mondial veulent le mélange des races.

Car il existe un complot mondial du mélange des races.

Déjà aux XVIIIe et XIXe siècles, des sociétés secrètes, telles que celles des Francs-maçons et des Illuministes, préconisaient le métissage universel pour obtenir une race humaine unifiée sous un gouvernement mondial : plus de guerres, le bonheur et la prospérité grâce au progrès ! Seulement ces rêveurs ignoraient les lois de Mendel qui, aujourd'hui, constituent la biologie élémentaire de l'hérédité. La race unifiée ne semblera égalisée qu'à la première génération ; dès la deuxième génération, les caractères physiques et psychiques se sépareront en désordre, selon le hasard des recombinaisons. C'est la vieille histoire des souris grises et blanches.

Première génération : toutes les souris sont grises. Deuxième générations : un quart de souris blanches, un quart de souris grises pures, deux quarts de souris grises métisses... Il en ira de même des humains : les gènes se sépareront au hasard pour se recombiner.

Au sein des grand-races, ces caractères présentaient un aspect harmonieux ; ils signifiaient la réponse de la race aux problèmes de survie posés par l'habitat, réponse biologique élaborée au cours des millénaires. Le métissage universel, au contraire, déboucherait sur le chaos racial : plus de peuples ; seulement des troupeaux déracinés, inaptes à une vie commune et promis aux catastrophes.

Cette perspective ne parait pas inquiéter les mondialistes actuels. Au-dessus du chaos mondial, le gouvernement américain aspire visiblement à la domination mondiale, le président Clinton incarnant un Jupiter d'opérette qui jette ses foudres à uranium appauvri sur les peuples désobéissants. Quant aux peuples à métisser de force, leur sort importe peu aux dieux du nouvel Olympe. Le général américain Wesley Clarke, né Kanne et issu d'une famille juive de Russie (Némirovski), a déclaré, selon *Die Welt* du 17 avril 1999 :

> « *J'estime nécessaire un engagement permanent des États-Unis* [dans les Balkans] *pour y promouvoir des démocraties multiethniques.* »

Le gouvernement Clinton, tenu en laisse par le Congrès juif mondial, règne sur un pays rongé par le chaos racial. Pourquoi ne régnerait-il pas sur une planète tout aussi chaotique ? Dans ce contexte décadent, caractérisé en premier lieu par l'établissement en Europe occidentale de populations afro-asiatiques, la Russie échappe presque totalement au métissage. Il en va de même de plusieurs pays européens ex-communistes ; mais la Russie occupe une position géopolitique plus importante. Son chiffre de population, la grandeur de son territoire (y compris une Sibérie naturellement riche et constituant une terre de peuplement) et une armée disposant de missiles nucléaires, peuvent lui donner le rôle d'un contrepoids salutaire aux États-Unis.

Si la Serbie avait eu les moyens de larguer une bombe H sur New York, le Pentagone aurait hésité à déclencher ses « frappes aériennes ». [En effet, les armes atomiques, très dissuasive, jouent en faveur d'un pays menacé d'agression.]

L'actuelle faiblesse russe, que nous espérons passagère, provient d'une situation intérieure dangereusement anarchique. Il suffirait d'un rétablissement, même relatif, de l'ordre pour que les prétentions américaines à la dictature mondiale appartiennent au passé.

Dans son livre *Les États-Unis à l'avant-garde de la décadence*, Roger Garaudy qui, pourtant, se proclame toujours marxiste, écrit :

> « *Dans l'anarchie et la désintégration de l'État, où une prostituée politique, Eltsine, a plongé ce pays avec l'aide des États-Unis, l'on ne voit guère d'autre issue à une telle situation qu'une dictature militaire nationaliste pour sortir des humiliations et des déchirements subis par le pays depuis la "restauration du capitalisme".* »

Garaudy parle avec bon sens. L'ordre n'est pas toujours juste ; il est parfois ou même souvent injuste. Mais le désordre fait crever tout le monde. Un peu d'ordre rendrait à la Russie une place sur la scène mondiale et mettrait fin à l'hégémonie américaine.

Pourquoi les peuples d'Europe occidentale n'ont-ils pas réussi à former une puissance capable de s'opposer à la décadence yankee ?

Tout d'abord, ils étaient divisés en vainqueurs et vaincus de 1945. Les gouvernements vainqueurs, pour maintenir les vaincus dans leur situation inférieure, jouèrent la carte américaine, carte toujours perdante (comme l'apprirent, un peu tard, les colonels grecs !). Dès lors, l'Allemagne, principal perdant, fut ligotée étroitement ; ses dirigeants sont réduits au rôle de baillis des États-Unis ; la police et les tribunaux traquent systématiquement les opinions non-conformistes, notamment le révisionnisme (près de 27000 procès d'opinion en cinq ans !).

Ensuite les États d'Europe occidentale subissaient le système de la démocratie parlementaire qui, comme l'a montré Jean Haupt dans *Le Procès de la démocratie*, est nécessairement une ploutocratie. En effet, les campagnes électorales coûtent cher ; les partis ne peuvent y faire face par les seules cotisations des membres ; l'argent d'un ou de plusieurs « lobbies » est indispensable. Or ces lobbies imposeront leurs créatures sur les listes du parti. Quant aux électeurs, ils auront le choix illusoire entre diverses listes, où ils retrouveront souvent les représentants des mêmes groupes de pression. Ainsi la démocratie parlementaire se démasque comme un système où le peuple imagine choisir des députés qui, en réalité, sont désignés par des ploutocrates.

En outre, les « braves gens », c'est-à-dire l'effectif principal des populations, foncièrement honnête, mais incapable d'imaginer les lendemains, de prévoir les catastrophes, font encore confiance aux parlements et aux gouvernements. Cette confiance se nourrit des informations tendancieuses distribuées par les médias. Ceux-ci, surtout la télévision, construisent, autour de nos « braves gens », un monde irréel : le progrès, les droits de l'homme, la dignité humaine, le devoir d'ingérence, la justice par le Tribunal pénal international, la mondialisation salvatrice, et ainsi de suite.

Enfin, rançon des peuples civilisés, la disparition durable de la sélection naturelle accumule chez les peuples blancs, surtout en Europe occidentale, un « déchet biologique », caractérisé non seulement par des déficiences physiques, mais aussi par des tares morales conduisant à des comportements asociaux. Le sens du devoir et de l'honneur se perd, les individus recherchent le bonheur dans les biens matériels, l'égoïsme prend des proportions pathologiques.

Les auteurs anonymes des brillantes « *Propositions d'Uppsala* » ont créé le concept de « déchet biologique » pour désigner les porteurs de mutations négatives non éliminées dans les sociétés modernes, et ils subdivisent ce déchet en une « *écume* » et une « *lie* ». La « lie biologique » comprend les asociaux médiocrement intelligents qui suscitent la criminalité croissante de notre temps. L'« écume biologique » désigne les dégénérés moraux hautement intelligents, doués pour le parasitisme et qui constituent les élites de fait, c'est-à-dire les dirigeants des ploutocraties modernes. Cette écume biologique, au sein de multiples sociétés secrètes, a distillé des idées mortelles pour les races humaines : le mondialisme, le rêve d'un gouvernement mondial, régnant sur des populations métissées. Et aujourd'hui, l'écume biologique maintient les peuples d'Europe occidentale sous la domination américaine ; elle organise leur invasion par des populations de couleur et muselle toute opposition par des lois antiracistes : loi Gayssot en France (1990), « *Novelle* » en Autriche (1992), article 261bis du Code pénal en Suisse (1994), renforcement des lois « *antiracistes* » en République fédérale d'Allemagne (1995), loi espagnole (1995), belge (1995), polonaise (1999). Fait révélateur, ces lois comportent aussi des dispositions antirévisionnistes, c'est-à-dire interdisant de contester ce que l'on appelle « *l'Holocauste* » ou même d'en douter. Les médias le proclament : six millions de Juifs auraient été exterminés dans des chambres à gaz au cours de la Seconde Guerre mondiale, ce qui sert à culpabiliser, plus de cinquante ans plus tard, non seulement le peuple allemand, mais les autres peuples, coupables de ne pas avoir empêché « l'Holocauste ». Or cela permet au Congrès juif mondial de fructueuses opérations de chantage, notamment contre les banques suisses.

Comparée à l'Europe occidentale, la Russie bénéficie d'une plus grande liberté d'expression. *Les Mythes fondateurs de la politique israélienne* de Garaudy, séquestrés en Suisse, sont librement diffusés, comme d'autres ouvrages révisionnistes. Les défenseurs de la race peuvent écrire et parler. Ce climat favorable, à lui seul, place la Russie à l'avant-garde du combat pour la race blanche.

Ce combat revêt un double aspect :
— d'une part, les mesures immédiates à prendre selon les besoins de l'heure et destinées à contrecarrer les forces de la décadence ; nous les avons esquissées plus haut : elles se résument surtout à résister à l'hégémonie des États-Unis qui, entre autres, veulent imposer un

métissage planétaire et un égalitarisme mortel pour la culture véritable ;
— d'autre part, la diffusion des idées indispensables à la défense de la race.

Tout d'abord, s'opposer au métissage signifie s'opposer aux unions (mariage ou non) entre grand-races.

Et ici, on rappellera que, selon les anthropologues (tels Montandon et von Eickstedt), l'homo sapiens se subdivise en un nombre de grand-races plus important que l'opinion générale, simplificatrice, ne l'admet. Le grand public aperçoit trois catégories : les Noirs, les Jaunes et les Blancs. Or il existe, pour le moins, trois grand-races noires, représentées notamment par les Papous (Noirs d'Océanie), les Nègres (Noirs d'Afrique), les Tamouls (Noirs de Ceylan). Quiconque connaît ces trois types ethniques ne saurait les confondre : ils ont en commun la couleur de la peau à côté de différences fondamentales. Les Pygmées forment aussi une grand-race, mais leurs effectifs, très réduits, permet de les négliger en pratique. Les Esquimaux et les Peaux-Rouges sont généralement rattachés à la grand-race jaune, et les Lapons à la blanche.

La grand-race blanche comprend les branches suivantes : les Sémites, les Turco-Tatares, la communauté des peuples européens et, selon certaines classifications, les Lapons. Les Sémites et les Turco-Tatares sont une mixa-variation à prépondérance blanche, mais avec des apports de couleur typique du Proche-Orient, carrefour racial.

Pour les peuples européens, l'opposition au métissage visera donc les unions avec des grand-races non blanches. Quant aux unions avec les Sémites ou Turco-Tatares, une décision positive dépendra, de cas en cas, d'une teneur suffisante en sang européen, reconnaissable à la fois au teint clair et à la finesse des traits. D'autre part, ramener les Africains en Afrique et les Asiatiques en Asie constitue un impératif de toute politique démographique en Europe.

Outre l'opposition au métissage, la politique biologique consiste en une série de mesures appelée «*eugénisme*».

Comme son nom l'indique, l'«eugénisme» veut améliorer les qualités héréditaires d'un peuple. Il remonte à la plus haute Antiquité, pratiqué par exemple avec l'exposition des nouveau-nés. Les progrès de la science permettent aujourd'hui des moyens moins brutaux empêcher ou limiter les naissances dans les milieux tarés. Ainsi, au début du XXe siècle, les débiles mentaux étaient stérilisés dans de nombreux pays, dont les États-Unis. Comme il devint possible de déceler des tares avant la naissance, l'avortement des anormaux constitue aussi une méthode eugénique. Un jour, une fois le génome humain décrypté, il suffira de soumettre le noyau d'une cellule parentale à un ordinateur pour prévoir les tares avant même la conception ; ainsi apparaissent des méthodes toujours plus douces.

Mais à côté de la sélection négative, visant à l'élimination des tares, la sélection positive favorisera les naissances dans les familles de valeur. Son effet, exempt de violence, surpassera celui des autres méthodes en efficacité. Elle comporte toute une politique familiale (nataliste aussi, puisque le maintien d'un taux de fécondité d'au moins 2,1 enfants par femme incombe à un État digne de ce nom, c'est-à-dire au service du peuple).

La politique biologique exigera aussi l'instauration d'un ordre social juste, assurant aux élites naturelles l'accès aux activités où leurs dons s'exerceront le mieux. Cet ordre social juste opérera automatiquement une action sélective selon des critères multiples et comparable à la sélection naturelle des premiers âges.

Tout au contraire, l'ordre social dans les démocraties ploutocratiques exerce une action biologiquement négative : les affairistes rapaces et sans scrupules prolifèrent. Les hommes d'honneur — ou simplement honnêtes — se heurtent à mille obstacles. Rappelons ici la déclaration lucide du *« père des fusées »*, Hermann Oberth :

> *« Dans la vie, un individu de caractère probe a un certain nombre de moyens de faire carrière. À intelligence égale et à force de volonté égale et placée au même endroit, une canaille disposera de ces mêmes moyens, mais d'autres, en outre, qu'un honnête homme n'utilisera jamais. Il a donc de meilleures chances d'avancer et, par suite de cette antisélection des caractères, les classes supérieures de la société s'enrichissent de canailles »*
>
> (Hermann Oberth, *Kakokratie*, Uni-Verlag Dr. RothOberth, D-8501 Feucht, 1976).

Voilà une brillante formule qui résume l'antisélection dans les démocraties ploutocratiques.

Si nous considérons les dangers que court la grand-race blanche, nous apercevons d'abord l'invasion par des populations de couleur, ensuite l'augmentation du déchet biologique (surtout dans les pays à forte et ancienne civilisation industrielle), en outre le déclin moral et culturel, et enfin la déchéance politique : de nombreux pays blancs tombent au rang de satellites des États-Unis, puissance décadente par excellence, rongée par les problèmes raciaux, sociaux, moraux...

Dès lors, nous retrouvons le rôle-clef de la Russie comme contrepoids à l'Amérique, ce qui, pour les forces positives, consiste à favoriser toute solution provisoire en progrès sur le désordre actuel ; cela, en attendant que les élites naturelles parviennent au pouvoir, par exemple à la faveur de crises aiguës ou de catastrophes. Pour l'instant, chaque pas vers un rétablissement de l'ordre est salutaire... Quant à la lutte contre le déchet biologique, les travaux de l'école eugéniste russe — la seule qui possède encore la liberté de s'exprimer ! — représente un apport vital pour les générations futures.

Relevons ici l'antinomie entre la politique à court terme et à long terme. Le court terme doit souvent se borner à des combats d'arrière-garde, cependant nécessaires, telles ces campagnes électorales où l'on ne vote pas pour de bons candidats, mais contre de mauvais. Le long terme, lui, accorde la priorité à la diffusion d'idées, car une organisation militante ne sera unie et solide que si elle se fonde sur un courant de pensée. Les ouvrages de biopolitique, alliant la lutte contre le métissage à l'eugénisme, joueront un grand rôle. Voilà un domaine où les auteurs russes, plus libres, trouveront un champ d'activités prédestiné.

Ce qu'on appelle « révisionnisme » pose un problème important pour la défense de la race blanche.

Tout d'abord, qu'est-ce que le révisionnisme ? On le connaît aujourd'hui par des livres — comme ceux de Rassinier, de Faurisson, de Butz (pour n'en nommer que trois sur un grand nombre) — qui mettent en doute l'« Holocauste » ou « Shoah », c'est-à-dire le chiffre de six millions de Juifs tués dans les camps de concentration allemands durant la Seconde Guerre mondiale et l'existence de chambres à gaz utilisées pour cette extermination. Comme on le sait, les « démocraties libérales » européennes envoient les révisionnistes en prison en vertu de lois « antiracistes » agrémentées de dispositions antirévisionnistes. Nous en avons déjà parlé. Or, s'il faut des lois pour faire croire aux six millions et aux chambres à gaz, c'est évidemment que les preuves manquent pour en démontrer la réalité. Si ces preuves existaient, il suffirait de les produire, et les auteurs « révisionnistes » seraient confondus.

Il est significatif que les diverses lois antiracistes et antirévisionnistes aient surgi en Europe occidentale (et en Argentine) entre 1989 et 1999. Certes, les diverses diasporas juives les réclamaient, cependant sans succès pendant plus de quarante ans. Et, tout à coup, comme touchés par une baguette magique, les parlements européens, les uns après les autres, promulguent ces lois-bâillons en l'espace de dix ans !... Le miracle s'explique par la conjonction de deux événements : l'éclatement de l'URSS qui, du jour au lendemain, a conféré aux États-Unis la dictature mondiale, et l'influence croissante des organisations juives extrémistes (Congrès juif mondial [CJM], Agence juive, Centres Simon-Wiesenthal) et de l'État d'Israël sur les présidents Bush et Clinton. Non seulement le gouvernement américain a dû attaquer l'Irak, mais encore il a obligé de nombreux pays à se doter de lois contre le révisionnisme et le racisme

Première conséquence de ces lois : le 1,25 milliard de dollars versé par les trois grandes banques suisses au CJM ne représentent que le début d'un chantage planétaire qui va parasiter l'économie de nombreux pays ; cela au nom de l'« Holocauste ».

Seconde conséquence : l'invasion de l'Occident par des populations allogènes s'accélère, les lois interdisant de s'y opposer par la parole ou par l'écrit. Si les pays de l'Est européen, y compris la Russie, sont encore épargnés, c'est uniquement parce que l'immigration en provenance du tiers-monde n'y est pas organisée. Mais il faut prévoir que le lobby mondialiste comblera cette lacune dès qu'il pourra.

Dès l'instant où le révisionnisme historique touche à l'« Holocauste », il ébranle la politique de puissance des extrémistes juifs... Saisissons ici l'occasion de souligner que le peuple juif est la première victime de la mégalomanie des Bronfman, Burg, Wiesenthal, Netanyahou et autres antisémites objectifs, et rendons hommage à la probité de Mme Salcia Landman, philosophe et anthropologue juive, qui a fait campagne, en 1994, contre la loi antiraciste et antirévisionniste suisse et qui, comme plusieurs de ses coreligionnaires écrivains, dans d'autres pays, a sauvé l'honneur du peuple juif.

Du même coup, ce qu'on appelle la « question juive » s'éclaire d'un jour nouveau : au XIXe siècle, Bernard Lazare, dans *L'Anti-sémitisme, son histoire et ses causes*, constatant que de nombreux pays, à diverses époques, ont vu se dérouler des actions « antisémites », conclut que la cause principale doit se trouver dans le peuple juif lui-même. Plus tard, il croira trouver cette cause dans le refus des diasporas de s'assimiler. Mais c'est douteux, puisque nombre de minorités religieuses inassimilées (bouddhistes, musulmans, anthroposophes, etc.) n'ont suscité aucun rejet brutal. Les événements récents, notamment le chantage exercé par le CJM, font plutôt penser qu'à ces diverses époques et dans ces divers pays, des Bronfman se sont rendus insupportables... et le peuple juif en subit le contrecoup.

Précisons que le révisionnisme n'est pas une doctrine politique, mais une méthode scientifique ; il ne se borne pas aux « six millions » et aux chambres à gaz. L'homme doit constamment réexaminer ces certitudes, même les conclusions scientifiques à première vue les plus solides. Si une certitude totale règne dans les mathématiques et la géométrie, partout ailleurs nos convictions sont provisoires. Les savants expliquent les phénomènes par des hypothèses de structure, c'est-à-dire en disposant en esprit, dans un espace cosmique, des substances responsables de ces phénomènes. Dès lors l'hypothèse tiendra tant qu'aucune expérience ne viendra la contredire. Ainsi la cosmologie de Copernic a remplacé celle de Ptolémée qui ne rendait plus compte des observations... Comment, dans ces conditions, justifier que la méthode du doute scientifique ou philosophique, admise dans tous les domaines de la connaissance humaine, soit interdite quant à l'« Holocauste » ?

L'« Holocauste » remplacerait les dogmes des temps passés et deviendrait la religion du XXIe siècle, de quoi rançonner longtemps encore les peuples *goyim* soigneusement bâillonnés.

Nous constatons donc que les lois-bâillons servent à un chantage mondial et à forcer l'invasion des pays blancs par des populations de couleur. Or, en raison de leur liberté plus grande, auteurs et éditeurs russes peuvent faire connaître les travaux révisionnistes : les classiques comme Rassinier, les modernes comme Faurisson, Graf, Walendy, Mattogno, Garaudy..., précisément les travaux que les organisations juives cherchent à étouffer.

La force de ces organisations, y compris l'État d'Israël, provient évidemment de leur participation au lobby mondialiste, lobby dont il est utile de rappeler la composition : nous y voyons les partis « socialistes » (Deuxième Internationale) d'Europe occidentale qui ont pris en remorque les « communistes » et les « écologistes » et qui, au désespoir d'une prise durable du pouvoir par les seuls Européens de souche, favorisent et même organisent l'invasion allogène. Nous y voyons aussi une grande partie des clergés catholique et protestant qui, voyant les églises se vider, entendent les remplir par l'immigration. Nous y voyons encore un certain patronat, à la recherche d'une main-d'œuvre bon marché, qui, pour des bénéfices immédiats, s'apprête à détruire par métissage la qualité de la main-d'œuvre future. Nous y voyons en outre une foule d'« idiots utiles » intoxiqués par les médias et leur propagande des « droits de l'homme », de la « démocratie », de la « dignité humaine » et autre idées fumeuses à l'usage des imbéciles. Nous y voyons enfin les gouvernements et les parlements dominés par le « lobby » les États-Unis, puissance mondiale ; la Grande-Bretagne, leur vassale ; les États de l'OTAN, tombés au rang de protectorats.

Ce lobby, qui préconise un gouvernement mondial pour une humanité unifiée par le mélange des races, semble en ce moment une force formidable ; mais il souffre de la faiblesse inhérente à toute coalition : la divergence des volontés. Si le fameux gouvernement mondial était à portée de main, on assisterait à des affrontements sanglants pour savoir quelle main doit le saisir. On peut prévoir que les « socialistes », les prêtres tiers-mondistes, et les Etats vassaux ou satellites, connaîtront le sort des idiots qui ont cessé d'être utiles : l'esclavage ou la disparition. La partie décisive se jouera entre les extrémistes juifs et le patronat non juif ; cela, naturellement, abstraction faite des puissances non inféodées : la Russie, la Chine, l'Inde et divers pays musulmans. (Un front antiaméricain s'esquisse...)

Dans nos réflexions et jusqu'ici, nous nous sommes attachés à la situation actuelle. Portons maintenant le regard sur le XXIe siècle.

Mentionnons d'abord un livre extraordinaire, *L'Archéo-futurisme*, de Guillaume Faye, à notre avis le meilleur ouvrage de la Nouvelle Droite française. Alors que cette Nouvel le Droite préfère tirer les leçons du passé, Guillaume Faye prolonge les lignes du présent et conclut à une convergence des catastrophes pour 2010-2020. Il crie aux lecteurs :

« Voyez ce qui vous arrive dessus ! »

Certes, l'expérience nous dit que les problèmes non résolus, négligés ou volontairement ignorés, ont la fâcheuse tendance à s'aggraver et même à devenir des problèmes de survie. Mais Faye, dans une analyse précise, démontre que cette phase critique se rapproche à une vitesse effrayante : invasion allogène des pays blancs, criminalité, corruption morale et culturelle, destruction de la nature... Face au danger, il propose de construire une Europe, non pas américaine, mais une grande Europe avec la Russie.

Quand un peuple est-il indépendant ?

Lorsqu'il peut défendre sa liberté les armes à la main ! Les États qui ont signé le traité de non-prolifération des armes nucléaires ne sont pas libres. Les États qui ont adhéré à l'OTAN, organisation américaine, ne sont pas libres. Les peuples qui n'arrivent pas à se nourrir de leur propre agriculture ne sont pas libres.

Qu'apporterait une Europe unie, Russie comprise ? Sous forme de confédération, elle assurerait liberté et indépendance aux nations membres. Des ogives nucléaires dissuaderaient les États-Unis d'intervenir comme dans les Balkans. L'intoxication morale importée d'Amérique arrêtée, les individus retrouveraient le chemin du bon sens et les lois de la vie. Ils comprendraient que l'homme a des devoirs avant d'avoir des droits ; que le vrai bonheur réside dans l'accomplissement d'un devoir et qu'il existe une interdépendance organique entre l'individu et la société.

Les Grecs anciens le savaient : les poètes chantaient les héros, les héros sauvaient le peuple, et le peuple produisait poètes et héros. Réunis, les efforts réussiraient là où échouent les États d'aujourd'hui. Ainsi se mettrait en place un pont aérien pour ramener les Africains en Afrique. L'Europe, puissance mondiale, défendrait la race blanche dans le monde entier. Elle donnerait à la jeunesse un idéal qui lui ferait fuir les stupéfiants. Les prisons se videraient. Après un demi-siècle de descentes aux enfers dans les sociétés multiraciales, « multiculturelles », mondialisées, où les hommes, à qui les charlatans ont promis le bonheur, n'ont jamais été si malheureux, ce serait le retour à la vie, à l'amour du pays natal, à la conscience de la race, à ce chant intérieur qui compense tous les revers.

Le monde moderne, considéré dans son actualité, justifie le pessimisme. Partout, à des degrés divers, la décadence, caractérisée par l'accumulation de problèmes non résolus, progresse. Mais, ne l'oublions pas, la présence d'un nombre suffisant de pessimistes actifs dans un peuple assure le salut.

Ces hommes, sous l'empire du désespoir, risquent le tout pour le tout, à la manière d'un joueur misant sur un seul numéro à la roulette, qui perdra probablement, étant donné que beaucoup auront fait de même ; l'un d'eux gagnera en vertu de la loi de grands nombres : ce sera l'homme providentiel qui sauvera le peuple.

Ce même monde moderne, considéré dans son avenir possible, donne de solides raisons d'espérer.

Tout d'abord, les problèmes non résolus s'aggraveront jusqu'aux catastrophes. Or les catastrophes sont des amies, puisqu'elles balaieront des régimes d'incapables ; peut-être au prix de nombreuses victimes ; mais l'avenir bâtit avec les survivants.

Ensuite, la Confédération européenne envisagée tout à l'heure offre d'immenses possibilités dont l'étude, un jour, remplira les bibliothèques. Ces possibilités positives reposent, en dernière analyse, sur la force résultant de l'union des peuples aryens.

Enfin nous pouvons faire confiance aux lois de la Nature, supérieures aux lois votées par des parlements ploutocratiques. : la Nature élimine ce qui n'est pas viable.

La Russie, menacée par la politique d'encerclement menée par les États-Unis, mais encore libre de réagir, peut contribuer au salut de la race blanche en renforçant le courant de pensée pour une renaissance aryenne.

G.-A. Amaudruz

(début de l'an 2000)

Contre la propagande

ÉDITION ORIGINALE

NON CENSURÉE

———◆———

Alfred Rosenberg est né le 12 janvier 1893 à Reval ; ainsi, originaire des pays baltes, il a vécu toutes les épreuves des Allemands de l'étranger et ... la révolution russe. Pour aider à prévenir l'Allemagne du communisme, il s'y rend à la fin de 1918. À Munich, Dietrich Eckhart lui fait découvrir Adolf Hitler, qu'il rejoint en 1919. En 1921, il prend en main le *Völkischer Beobachter*. À Cobourg en 1922, à la Feldernhalle en 1923, il marche aux côtés du Führer. En 1930, le besoin d'un organe officiel du N.S.D.A.P. se fait de plus en plus pressant ; il édite alors le cahier mensuel du National- Socialisme.

———◆———

Pénétrer au cœur d'un auteur est souvent faire preuve de témérité. C'est vouloir déflorer une part de mystère, tout en aspirant à rendre le plus fidèlement une pensée riche et fondamentale. Aborder un mythe est davantage qu'un voyage initiatique. Le mythe n'a pas de réalité, il n'existe que si on lui prête vie. Le poète n'a-t-il pas dit qu'un pays qui n'aurait pas de légendes serait condamné à mourir de froid, celui qui n'aurait plus de mythes serait déjà mort. Le mythe ne renaît pas. Il meurt avec son dernier représentant. L'ouvrage d'Alfred Rosenberg est un mythe à plus d'un titre : mythe de l'Europe de la volonté de puissance, mythe de la tradition aryenne, mythe du titre, mythe de la traduction. Si *Le Mythe du XXe siècle* est une somme, il devait incarner le principe fondamental de l'idée de peuple naissante, la rencontre de l'élite et des forces actives, réconciliation des trois fonctions dans une même vision du monde.

Publication 21 octobre 2018

Format 152 x 229 x 32mm, 564 pages, 816 g

ISBN-13 : 9781648580154

Lisez aussi

ÉDITION ORIGINALE
NON CENSURÉE

———◊———

— *LA FOUDRE ET LE SOLEIL* —
Nouvelle traduction

— Perfection intemporelle et évolution cyclique —
— La Foudre (Genghis Khan) —
— Le Soleil (Akhenaton) —
— À la fois Soleil et Foudre (Adolf Hitler) —
— Épilogue (Kalki, le Vengeur) —

———◊———

Ce livre, — commencé en Écosse au printemps 1948 et écrit, de temps à autre, en Allemagne entre cette date et 1956, — est le résultat de méditations de toute une vie sur l'Histoire et les religions, ainsi que de l'expression d'aspirations et d'une échelle de valeurs morales qui était déjà la mienne avant la Première Guerre Mondiale. Il pourrait être décrit comme une réponse personnelle aux événements de 1945 et des années suivantes. Et je sais que beaucoup de gens ne l'aimeront pas. Mais je ne l'ai pas écrit dans un but autre que celui de présenter une conception de l'Histoire — ancienne et moderne — inattaquable du point de vue de la Vérité éternelle.

Je me suis donc efforcée d'étudier à la fois les hommes et les faits à la lumière de cette idée de la succession des Âges, de la Perfection intacte au chaos inévitable, qui ne se rapporte pas seulement à "l'Hindouisme", mais à toutes les formes de la Tradition Unique, universelle, — les Hindous étant (peut-être) cependant ceux qui ont conservé un peu plus de cette Tradition que les gens moins conservateurs.

Publication 19 septembre 2020
Format 152 x 229 x 24mm, 476 pages, 755 g
ISBN-13 : 9781648586682

Pour compléter ses connaissances

ÉDITION ORIGINALE
NON CENSURÉE

Dr. Herman de Vries de Heckelingen un érudit et un auteur néerlandais qui a vécu la deuxième moitié de sa vie en Suisse. Il a été professeur de paléographie à l'université de Nimègue et a dirigé la bibliothèque de 1923-1927.

Dès sa naissance, le christianisme a trouvé devant lui la force des ténèbres. Dans le cours des âges, on rencontre partout cette force organisée de l'Anti-Église. On la voit à l'œuvre lorsqu'elle pousse les païens de l'empire romain à tuer les chrétiens ; on la voit faire des efforts désespérée pour détruire le christianisme par lui-même en suscitant le gnosticisme, l'arianisme, le manichéisme et tant d'autres sectes. Même pendant le moyen âge, alors que la vie politique et sociale était profondément chrétienne, on la voit manœuvrer. Pour démontrer que les Protocoles sont l'œuvre d'un falsificateur, il cite entre autres le passage suivant : « *D'ici là des chemins de fer métropolitains et des passages souterrains seront construits dans toutes les villes. De ces lieux souterrains, nous ferons sauter toutes les cités du monde, avec leurs institutions et leurs documents* ». Croyez-vous sérieusement, je vous le demande, qu'un falsificateur cultivé, habitant Paris, aurait écrit une telle énormité ? Non. Cela sent le rabbin qui n'a jamais vu autre chose que son ghetto de Pologne, de Russie ou de Galicie. Il a entendu parler des trains fabuleux qui roulent sous terre, son imagination a travaillé là-dessus, et il s'est imaginé qu'on pourrait faire sauter les villes en se servant de ces boyaux souterrains.

Publication 28 février 2019
Format 5.5" x 8.5", 34 pages.

Approfondir

ÉDITION ORIGINALE
NON CENSURÉE

―◇―

Hermann Wilhelm Göring
(12 janvier 1893 - 15 octobre 1946)

Était un as de l'aviation, pilote de chasse de la Première Guerre mondiale, un membre dirigeant du NSDAP et un commandant en chef de la Luftwaffe. En 1940, il fut au sommet de sa puissance et de son influence ; en tant que ministre chargé du «plan quadriennal», il était responsable d'une grande partie du fonctionnement de l'économie allemande pendant la période qui a précédé la Seconde Guerre mondiale.

―◇―

 Poursuivant la mission que nous nous sommes imposée de faire connaître à l'opinion française la pensée intégrale des maîtres de l'Allemagne Nouvelle, nous publions aujourd'hui « *L'Allemagne renaît.* » Dans ce livre — la première œuvre du Maréchal Göring traduite en Français — l'auteur a décrit l'effondrement de l'Allemagne, le chaos de la République de Weimar, et les efforts du Chancelier Hitler et des siens pour rétablir le Reich dans sa puissance.

 La plupart des études parues en France sur le National Socialisme et le IIIe Reich sont entachées d'idées préconçues et de préjugés politiques, aussi nous a-t-il semblé qu'il était de toute nécessité de remonter aux sources racines. Pour juger — et même le cas échéant, pour condamner — n'est-il pas indispensable de connaître les documents de première main ? L'œuvre du Maréchal Göring, ainsi que celles que nous publierons par la suite des dirigeants de l'Allemagne moderne, est un exposé officiel du point de vue hitlérien.

Publication 23 octobre 2020
Format 152 x 229 x 24mm, 102 pages.
ISBN-13 : 9781648587818

Apprendre la vérité

ÉDITION ORIGINALE
NON CENSURÉE

———◆◇◆———

À la Vieille Garde berlinoise du Parti.

Ouvrage destiné à expliquer l'histoire du N.S.D.A.P. berlinois entre le 9 novembre 1926, au moment où Goebbels, chef du parti dans la Ruhr, arrive à Berlin pour reprendre en main le parti, et le 29 octobre 1927, date qui marque la levée de l'interdiction du parti nazi prononcée plusieurs semaines auparavant.

———◆◇◆———

Dans l'histoire des mouvements révolutionnaires, la lutte pour la capitale constitue toujours un chapitre particulier. La capitale est une valeur en soi. Elle représente le centre de toutes les forces politiques, économiques et culturelles du pays. À partir de ce centre, son rayonnement atteint la province, et pas une ville, pas un village n'y échappent. Berlin est quelque chose d'unique en Allemagne. Sa population ne se compose pas, comme celle d'une ville quelconque, d'une masse uniforme, repliée sur elle-même, et homogène. Le Berlinois : c'est le produit d'un substrat berlinois de toujours, complété par des apports de toutes les provinces, régions et groupes sociaux, professionnels et religieux.

Il est vrai que Berlin n'est pas, tel Paris pour la France, un facteur prépondérant et novateur en tout pour l'ensemble de l'Allemagne. Mais on ne peut concevoir ce pays sans Berlin.

Publication 2 décembre 2018
Format 152 x 229 x 24mm, 247 pages, 350 g
ISBN-13 : 9781648580277

Vaincre le mensonge

ÉDITION ORIGINALE
NON CENSURÉE

Le procès relatif à l'authenticité des Protocoles de Sion, ou des Sages de Sion, qui s'est déroulé à Berne de 1933 à 1935, a fourni aux écrivains juifs et amis des Juifs l'occasion tant désirée de pouvoir enfin claironner de par le monde qu'un magistrat de Berne a rendu en toute objectivité un jugement déclarant que les Protocoles sont un faux.

Tous ces écrivains gardent intentionnellement le silence sur le livre du Dr. Stephan Vász, – publié en 1935, peu de temps après le procès – intitulé « *Das Berner Fehlurteil über die Protokolle der Weisen von Zion.* » (« Le mauvais jugement sur les Protocoles des Sages de Sion ». – U. Bodung-Verlag, Erfurt), livre dans lequel l'auteur, s'inspirant des actes du dossier de l'affaire, apporte la preuve écrasante que le procès de Berne ne fut qu'une parodie de justice.

Lorsque, étourdiment, la juiverie machina ce procès, puis le fit tourner à son avantage, elle ne s'imaginait pas que les débats et les investigations entreprises à la suite de ce procès étaleraient au grand jour une documentation si probante qu'il n'est plus possible, aujourd'hui à un homme sensé de soutenir que les Protocoles sont un faux fabriqué par les antijuifs. Pour la clarté de l'exposé qui va suivre, je présume que le lecteur connaît déjà les « *Protocoles des Sages de Sion.* »

Publication 21 mars 2019
Format 5.5" x 8.5", 48 pages.

- THE-SAVOISIEN.COM
- PDFARCHIVE.INFO
- VIVAEUROPA.INFO
- FREEPDF.INFO
- ARYANALIBRIS.COM
- ALDEBARANVIDEO.TV
- HISTOIREEBOOK.COM
- BALDEREXLIBRIS.COM

www.ingramcontent.com/pod-product-compliance
Lightning Source LLC
LaVergne TN
LVHW041553060526
838200LV00037B/1276